Liebe Floristinnen, liebe Floristen,

der Frühsommer ist da und hierzu präsentieren wir eine Fülle neuer und verkaufsstarker Ideen. Den Muttertag mit einem erfrischend anderen Auftritt vorzubereiten, ist jetzt angesagt. Wir zeigen dazu Wandgestaltungen als stimmigen Präsentationshintergrund. Jetzt ist auch die „hohe Zeit" der Trauungen. Dazu punkten unsere Brautsträuße ganz im festlichen Weiß. Und für den Outdoorbereich begeistern fröhlich-farbige Akzente und ein tropischer Touch bei den Pflanzungen in Kombination mit der allseits beliebten Geranie.

Sicher findet Ihr Anregungen für Eure thematisch abgestimmten Verkaufsaktionen!

Wir wünschen Euch viel Erfolg dabei und einen ideenstarken Sommerauftakt!

Hella Henckel, Michael Sutmöller und das PRAXIS-Team

facebook.com/blooms.pro pinterest.com/bloomsmedien
instagram.com/blooms_medien

Inhaltsverzeichnis

Hinweise

[!] Tipps, Anmerkung und/oder zu beachtende Fakten

[»] Informationen zu den Herstellungsschritten

[1] Nummerierung in Verbindung mit Bild und Text

Alle Angaben beziehen sich, wenn nicht anders angegeben, auf ein Werkstück.

Die Fertigungszeiten orientieren sich, außer bei Einzelwerkstücken wie Brautstrauß und Kranz, an der Serienfertigung. Kundenberatungszeiten sind nicht enthalten.

Weil die Fotoproduktionen in der Regel wenige Wochen vor Erscheinen jeder Ausgabe liegen, ist nicht immer die zur Saison gehörende Frischware erhältlich.
In diesen Fällen greifen wir auf Textilblumen, Kunststofffrüchte etc. zurück, ohne jedoch die gestalterische Wirkung und die für Frischblumen notwendige Technik zu verändern.

Verkaufsthema „GRILL GARDENING“

Kräuter und Gemüse – all das wird zum sommerlichen Grillevent benötigt. Insofern thematisiert dies die saisonale Verkaufsaktion. Die passenden Werbemittel von Landgard unterstützen die Präsentation und Kommunikation zum Kunden. Der Eyecatcher an der Wand in Form eines Küchenbretts mit der Aufforderung „Ran an den Grill" und Regalebenen für die Präsentation einiger Kräuterpflanzen sind mit einfachen Mitteln schnell gemacht.

Auch plakative Küchen- bzw. Grillutensilien lassen sich auf dem Eyecatcher-Regal aufstellen. Das macht das zentrale Kommunikationsbild besonders eindeutig und aussagekräftig. Alle ausgestellten Pflanzen werden mit den Pflanzenstickern versehen, die Präsentationstische mit den dazugehörigen Tischbannern verkleidet.

1 Für das Wandregal wird eine Sperrholzplatte benötigt. Sie wird mittels einer Stichsäge in Form eines Küchenbretts mit Griff ausgesägt. 2 Dann die Dachlatten auf die Länge der Brettbreite schneiden und festschrauben. Auf diese Dachlatten wiederum die passend breit gesägten Regalbretter schrauben. 3 Nun das Ganze mit schwarzer Farbe streichen, trocknen lassen und das Präsentations-Brett an der Oberkante an beiden Seiten mit Schraubösen versehen und mithilfe eines hier durchgezogenen Stahlseils aufhängen. Schließlich die Buchstaben auf Papier aufzeichnen, ausschneiden und den Schriftzug mit doppelseitigem Klebeband aufkleben. Abschließend die Töpfe platzieren und die Landgard-Werbemittel anbringen.

1

2

3

1 Zunächst den Stechschaum-Ring wässern, dann mit Heißkleber auf einen umgedrehten Tontopf kleben und Steckschaum-Ring auflegen. 2 Nun das Glas mittig auf dem Boden des Tongefäßes festkleben. 3 Die Pflanzenteile einstecken, die Schnüre am Glas festknoten und die Kerze in dieses selbstgefertigte Windlicht stellen. An einer Schnur den Landgard-Sticker anbringen.

Chrysanthemum x grandiflorum, Olea europaea, Rosa Cultivar, *Rosmarinus officinalis* (alles Landgard)

Gefäß Sticker (beides Landgard) · Kerze (Wenzel) · Glas · Schnur (Vivant) · Tontopf

Heißkleber, Frischblumensteckschaum-Ring mit Kunststoffboden (beides OASIS® Floral Products)

Zeit 15 min · **Höhe** 30 cm · **Durchmesser** 25 cm

Dekorationselemente im Bild: Schalen (ASA)

Eichhornia crassipes · *Olea europaea* (Landgard) · *Rosmarinus officinalis* 'Repens' · Ast · Maulbeerbaumrinde

Gefäß · Schnur (Vivant) · Wollschnur · Band (Goldina Da Vinci artfleur) · Gefäß · Drainagematerial · Pflanzerde · Tackernadeln

rustikaler Rebendraht (OASIS® Floral Products)

Zeit 15 min · **Höhe** 155 cm · **Durchmesser** 50 cm

alle Angaben für ein Werkstück

Als dekoratives Element in der Olivenpflanze wird ein Ast mit Rebendraht umwickelt, in diesen wiederum eingeweichte Wasserhyazinthen-Stränge und das Dekorationsband einweben und die Enden mittels Tackernadeln am Ast fixieren.

Origanum majorana · *Thymus x citriodorus* (Landgard) · Ast · Zweige · Ranken · Maulbeerbaumrinde · Malvenfaser

Gefäß, Etikett (beides Landgard) · Schnur (Vivant) · Zierdraht (BUCO) · Schraube · Unterlegscheibe · Pflanzerde · Wandfarbe

rustikaler Rebendraht (OASIS® Floral Products)

Zeit 12 min · **Höhe** 40 cm · **Durchmesser** 23 cm

Für die bessere Wirksamkeit wird der Tontopf als Übergefäß der Kräuterpflanze mittels Schraube und Unterlegscheibe auf einem Aststück festgeschraubt. Umgeschlungene Schnüre mit dem befestigten Aktionsetikett „Grill gut!" vervollständigen dieses Pflanzenprodukt zur Verkaufsaktion „Grill Gardening".

Lavandula angustifolia, Rosmarinus officinalis 'Repens' (beides Landgard) · Malvenfaser · Maulbeerbaumrinde

Gefäß, Sticker, Tafelstecker (alles Landgard) · Schnur (Vivant) · Zierdraht (BUCO)

rustikaler Rebendraht (OASIS® Floral Products)

Zeit 15 min · **Höhe** 35 cm · **Durchmesser** 20 cm

1 Als dekorative Ergänzungen des Rosmarins wird zuerst aus dem Rebendraht ein grobmaschiges Geflecht mittels Fingerhäkeln erstellt. 2 Das Drahtgeflecht um den Gefäßrand legen und fixieren. Dann die Maulbeerbaumrinde sowie die Malvenfasern hineinflechten und mit Zierdraht befestigen. 3 Nun den Rosmarin einpflanzen und den beschrifteten Tafelstecker einstecken. Zum Schluss Band an den Stecker knoten und daran den Landgard-Aktions-Sticker festkleben.

1

2

3

Brassia in Variationen (Landgard) · Bananenblatt · Wasserhyazinthe

Tafeletikett (Landgard) · Schnur (Vivant) · Wollschnur · Konservendose · Pflanzerde

Heißkleber (OASIS® Floral Products)

Zeit 10 min · **Höhe** 30 cm · **Durchmesser** 20 cm

alle Angaben für ein Werkstück

1 Die Konservendose zunächst mithilfe von Heißkleber mit Bananenblättern bekleben. 2 Die Stränge von eingeweichter Wasserhyazinthe, Schnüre und Wollfäden um die Dose wickeln und festknoten. 3 Dann die Dose mit Pflücksalat bepflanzen und abschließend das beschriftete Tafeletikett anbringen.

1

2

3

Capsicum annuum, Solanum lycopersicum (beides Landgard) · Moos · Ranken · Maulbeerbaumrinde

Gefäß, Etikett (Landgard) · Schnur (Vivant) · Pflanzerde · Drainagematerial

Zeit 10 min · **Höhe** 53 cm · **Durchmesser** 27 cm

alle Angaben für ein Werkstück

» Zu den Produkten von Landgard siehe Seite 60–61.

... NICHT NUR AM MUTTERTAG
SUPER MOM

WERBEKONZEPT ZUM MUTTERTAG

„Super Mom“ im Pop-Art-Look

Die moderne Mutter ist eine wahre Heldin und alles andere als ein „Hausmütterchen“. Frech, spritzig und mit Comic-Motiven versehen, kommen daher die aktuellen Werbekonzepte von Landgard für den Muttertag im Mai daher. Inspiriert vom Stil klassischer Superheldinnen-Comics werden so die blühenden Topfpflanzen wie Rosen, *Gerbera*, Begonien, *Lantana*, *Campanula* oder *Dipladenia* mithilfe der POS-Materialien im Pop-Art-Look als die Geschenke zum Muttertag ins Blickfeld gerückt.

Passend dazu wird auch der bunte plakativ wirkende Wandschmuck als Eyecatcher des Ladenaufbaus zum Muttertag individuell gestaltet. 1 Dazu ein Herz mithilfe einer Herzsteckbasis als Schablone auf Styropor aufzeichnen. Dieses Herz mithilfe eines Cutters ausschneiden. 3 Nun bunte Papierrechtecke mit Kleister auf dieses Styroporherz kleben und trocknen lassen. 4 Das so beklebte Herz dann auf einen geringfügig größeren Keilrahmen, der mit buntem Papier bezogen ist, mithilfe von doppelseitigem Klebeband aufkleben. In diesem Sinne mehrere bunte Bilder gestalten und diese dicht nebeneinander an die Wand hängen. Je bunter und unterschiedlicher sie sind, umso plakativer und Aufmerksamkeit schaffender wirken sie. Damit passt diese individuelle Wandgestaltung ideal zu den weiteren Landgard-Werbemitteln für diesen „Super Mom“-Muttertag.

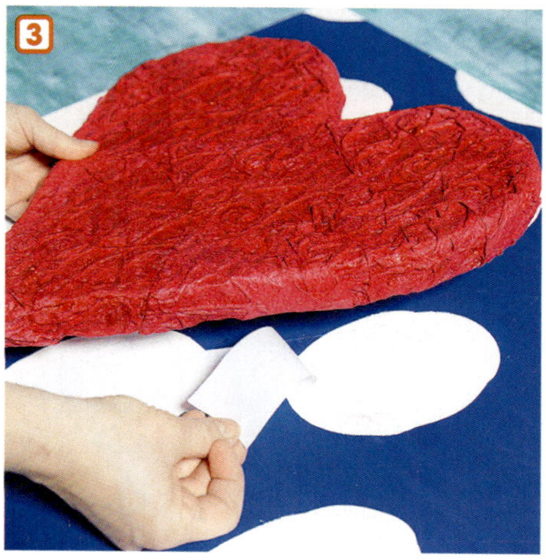

Rosa Cultivar (Landgard)

Gefäß, Etikett (beides Landgard) · Papier · Strohrömer · Stecknadeln

Zeit 20 min · **Höhe** 43 cm · **Durchmesser** 26 cm

Dekorationselemente im Bild: Stuhl (KFF)

1 Für die Pflanzenumkränzung eine Papierqualität in Streifen schneiden, diese um den Strohrömer wickeln und mit Stecknadeln fixieren. 2 Anschließend andersfarbige Papier-Rechtecke jeweils einmal knicken und mit dem Knick dicht an dicht mithilfe von Stecknadeln auf dieser Kranzunterlage aufrecht einstecken, sodass eine plüschige Gestaltung im Farbwechsel entsteht. 3 Nun den Kranz auf ein Gefäß legen, die Rosen-Pflanze einsetzen und das Muttertags-Etikett hinzufügen.

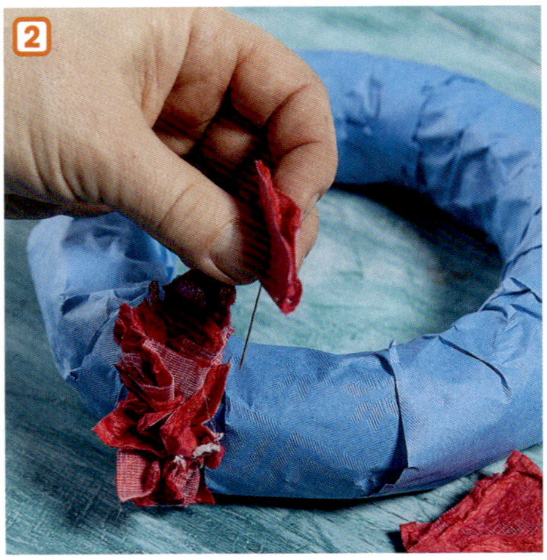

Zantedeschia Cultivar (Landgard)

Gefäß (Landgard) · Papier · Metallrahmen

Zeit 15 min · **Höhe** 50 cm · **Durchmesser** 24 cm

Für die Manschette werden gleich große Kreise aus unterschiedlichem Papier gerissen, indem die Kreislinie mit Wasser befeuchtet und dann hier das Papier gerissen wird. Die verschiedenen Schichten werden nun mit einem mittigen Loch versehen, seitlich ein Schlitz eingeschnitten und diese Papiermanschette über die Pflanze gezogen.

Gerbera Cultivar (Landgard)

Papiertasche, Herz (beides Landgard) · Klebeband · Heißkleber · Folienbeutel

Zeit 10 min · **Höhe** 27 cm · **Durchmesser** 13 cm

1 Eine Papiertasche mit den bunten Klebebändern bekleben. 2 Die Taschenfenster mit buntem Papier hinterlegen, das Papierherz an dieser Steller mit Heißkleber befestigen. 3 Die Topfpflanze in den Folienbeutel setzen und in die Papiertasche einfügen, dabei die Basis mit buntem Papier bedecken.

1

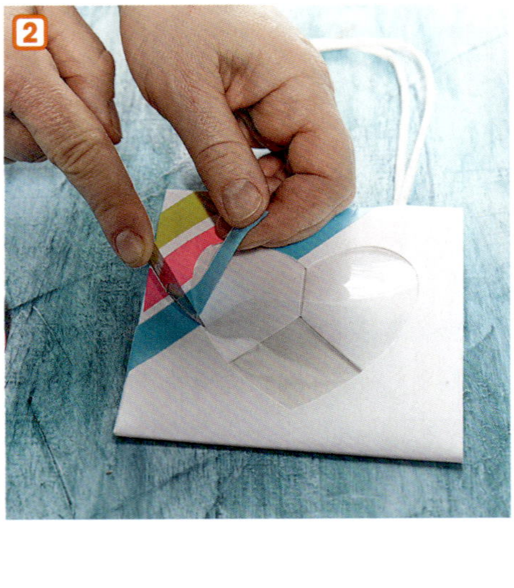

2

3

Gerbera Cultivar · *Limonium tetragonum* · *Oxypetatum coeruleum* (beides Landgard)

Etikett (Landgard) · Vase · Papier · Pappe · Heißkleber · Steckdraht (BUCO) · Bindebast

Floraltape (OASIS® Floral Products)

Zeit 20 min · **Höhe** 50 cm · **Durchmesser** 23 cm

alle Angaben für ein Werkstück

1 Ein Herz aus Pappe schneiden und mittig mit einem Loch versehen. Einzelne rechteckige farbige Papierstücke mittels Heißkleber dicht an dicht aufkleben. 2 Auf der Rückseite des Herzens mithilfe von Heißkleber und einem Stück Pappe das oben umgebogene Ende eines Steckdrahtes befestigen. 3 So kann nun dieses Pappherz zusammen mit den Blumen zum Strauß gebunden werden, wobei die Blumen durchs Loch geführt werden. Zum Schluss den Strauß in eine Vase stellen und mit dem Muttertags-Etikett versehen.

1

2
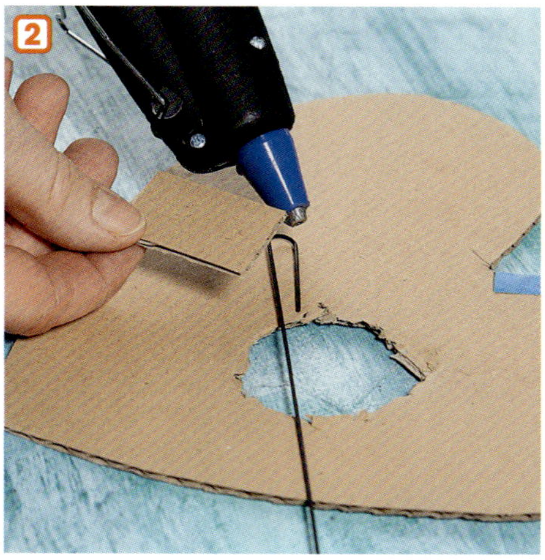

3

Campanula portenschlagiana (Landgard)

Gefäß, Etikett, Topfband, Woll-Flausch Mirabell (alles Landgard) · Wellendrahtring, Drahtherz, Steckdraht (alles BUCO) · Heißkleber

Zeit 15 min · **Höhe** 25 cm · **Durchmesser** 20 cm

1 Den Wellendrahtring mit Woll-Flausch Mirabell umwickeln. 2 Das Topfband in kleine Streifenstücke schneiden und diese mithilfe von Heißkleber dicht an dicht auf das Drahtherz kleben. Die Pflanze in das Gefäß einsetzen, das Herz und den Ring andrahten und dazu stecken. Schließlich das Etikett ergänzen.

1

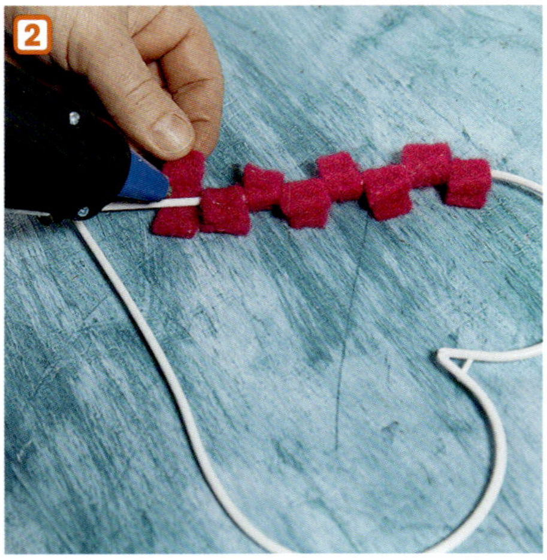
2

Begonia Cultivar (Landgard)

Gefäß, Woll-Flausch Mirabell, Topfband (alles Landgard) · Strohrömer · Stecknadeln

Zeit 20 min · **Höhe** 39 cm · **Durchmesser** 26 cm

1 Den Strohrömer mit Topfband umwickeln. 2 Weiteres Topfband in rechteckige Stücke schneiden. Diese mit Woll-Flausch Mirabell verknoten und mithilfe von Stecknadeln dicht an dicht auf der Kranzunterlage befestigen. Zum Schluss den Kranz auf den Gefäßrand legen und die Pflanze einsetzen.

1

2

» Zu den Produkten von Landgard siehe Seite 62–63.

PERFECT MATCH

Hortensien treffen auf Exotik

Ein Hauch vom Fremdländischen verbindet sich in den Sträußen zusammen mit den Hortensien von Hydrangeaworld. Die Kombination wirkt reizvoll und schafft neue Aspekte mit der allseits beliebten Hortensie.

Anigozanthos manglesii · *Hydrangea macrophylla* 'Magical Linn' (Hydrangeaworld) · *Miscanthus sinensis* · *Panicum virgatum* 'Fontaine' · *Phormium tenax* · *Zantedeschia* Cultivar

Vase (D&M) · Schnur · Bindebast

Zeit 15 min · **Höhe** 60 cm · **Durchmesser** 67 cm

Dekorationselemente im Bild: Stuhl (KFF)

Aspidistra elatior · *Curcuma alismatifolia* · *Eucalyptus camaldulensis* · *Gloriosa superba* · *Hydrangea macrophylla* 'Beautensia Luxor', 'Verena Blue Classic', 'Verena Classic' (alles Hydrangeaworld) · *Phlebodium aureum* · *Sabal palmetto*

Vase (DutZ Collection) · Holzspießchen · Holzring · Steckdraht (BUCO) · Bindebast

Floraltape (OASIS® Floral Products)

Zeit 20 min · **Höhe** 70 cm · **Durchmesser** 70 cm

1 Für die Manschette mit dem unteren Teil der *Aspidistra*-Blätter den Holzring umlegen und mit den Holzspießchen befestigen. 2 Drei Steckdrähte am Blätterring fixieren, diese mittig zusammenführen, zu einem Stiel verdrillen und mit Floraltape umwickeln. 3 Nun die Blumen in den Blätterring einführen und unterhalb zusammen mit dem Drahtstiel zum Strauß binden.

1

2

3

Craspedia globosa · *Equisetum hyemale* · *Hydrangea macrophylla* 'Verena' (Hydrangeaworld)

Vase (DutZ Collection) · Kordel · Bindebast · Steckdraht (BUCO)

Floraltape (OASIS® Floral Products)

Zeit 15 min · **Höhe** 59 cm · **Durchmesser** 20 cm

alle Angaben für ein Werkstück

1 Für die Manschette aus Schachtelhalmen zunächst einen Steckdraht an den Stängel der Hortensie im unteren Bereich anlegen und mit Floraltape miteinander verbinden. 2 Schachtelhalm in kürzere Stücke schneiden und oben auf den Steckdraht stecken. 3 Weitere Floralien ergänzen und alles zum Strauß binden, die Bindestelle mit Kordeln umwickeln.

1

2

3

Chamaerops excelsa · *Craspedia globosa* · *Hydrangea macrophylla* 'Glowing Alps', 'Magical Amethyst Classic', 'Verena Blue Classic' (alles Hydrangeaworld) · *Zantedeschia aethiopica*

Vase (Gasper) · Schnur · Bindebast

Zeit 8 min · **Höhe** 60 cm · **Durchmesser** 25 cm

alle Angaben für ein Werkstück

» Ein interessanter Aspekt ist es, die Bindestelle mit einem farbigen Band passend zu den Blütenfarben mehrmals zu umwickeln und damit zu betonen.

Anthurium Cultivar · *Aspidistra elatior* · *Chamaerops excelsa* · *Fatsia japonica* · *Hydrangea macrophylla* 'Glowing Alps', 'Pimpernel', 'Royal Benefit' (alles Hydrangeaworld) · *Leucospermum cordifolium* · *Monstera deliciosa*

Vase (DutZ Collection) · Bindebast

Zeit 15 min · **Höhe** 80 cm · **Durchmesser** 40 cm

Eucalyptus camaldulensis · *Gloriosa superba* · *Hydrangea macrophylla* 'Royal Anastasia', 'Royal Benefit', 'Verena Blue Classic' (alles Hydrangeaworld) · *Miscanthus sinensis* · *Philodendron bipinnatifidum* 'Xanadu' · *Zantedeschia aethiopica* · Palmfasern

Vase (DutZ Collection) · Metallring · Steckdraht (BUCO)

Heißkleber, Floraltape (beides OASIS® Floral Products)

Zeit 20 min · **Höhe** 53 cm · **Durchmesser** 60 cm

Dekorationselemente im Bild: Couch (KFF)

1 Einen Metallring mit Palmfasern mittels Heißkleber bekleben. 2 Steckdraht an drei Stellen am Metallring andrahten, in der Mitte zusammenführen und zum Stiel verzwirbeln. Diesen Gestellstiel mit Floraltape umwickeln. 3 Die Mitte des Ringes nun mit Grünfloralien ausfüllen, die Blüten von außen anlegen und alles zusammen mit dem Drahtstiel zum Strauß binden.

» Zu den Produkten von Hydrangeaworld siehe Seite 64–65.

Tischdeko in der Trendfarbe „DIGITAL LAVENDER“

Die Farbe „Digital Lavender“ ist derzeit „in“. Diese Tischdekorations-Ideen greifen sie auf in Verbindung mit den praktischen Hilfsmitteln von Smithers-Oasis.

Allium aflatunense · *Clematis* Cultivar · *Eustoma grandiflorum* · *Lavandula angustifolia* · *Lysimachia clethroides* · *Matthiola incana* · *Olea europaea* · *Thlaspi arvense* · Ranken

schwarzer Frischblumensteckschaum-Ziegel mit schwarzer Paper-compound-Unterlage (OASIS® Floral Products)

Zeit 15 min · **Höhe** 32 cm · **Breite** 41 cm · **Tiefe** 16 cm

Campanula medium · *Clematis* Cultivar · *Dianthus barbatus* · *Lavandula angustifolia* · *Limonium tetragonum* · *Scabiosa atropurpurea* · *Thlaspi arvense* · Ranken

Zierdraht · Glasvase

schwarzer Frischblumensteckschaum-Zylinder mit schwarzer Kunststoffschale, Heißkleber, wasserbasiertes Farbspray (alles OASIS® Floral Products)

Zeit 15 min · **Höhe** 32 cm · **Durchmesser** 20 cm

» 1 Für die farblich angepasste Steckschaumschale wird der Steckschaum aus dieser entfernt und die Kunststoffschale mit wasserbasiertem Farbspray besprüht. 2 Dann das Glas mit getrockneten Lavendelblüten füllen, den Glasrand mit Heißkleber versehen und die getrocknete Schale hierauf festkleben. 3 Den gewässerten Steckschaum einsetzen und mit den Blumen bestecken.

1

2

3

Antirrhinum majus · *Campanula medium* · *Clematis* Cultivar · *Eustoma grandiflorum* · *Lavandula augustifolia* · *Limonium tetragonum* · *Olea europaea* · *Rosa* Cultivar · *Thlaspi arvense*

Glas

OASIS® NatureSource™ Blumensteckschaum, kompostierbares Deko-Gewebe, Heißkleber (alles OASIS® Floral Products)

Zeit 18 min · **Höhe** 28 cm · **Durchmesser** 22 cm

1 Für die dekorative Gefäßummantelung das Deko-Gewebe in kleine Rechtecke schneiden. 2 Diese dann mittig falten und mit der Falz dicht an dicht in senkrechter Ausrichtung mithilfe von Heißkleber auf das Glas kleben. 3 Den Steckschaum wässern, in die passende Größe schneiden, ins Glas einsetzen und die Blumen einstecken.

1

2

3

Allium aflatunense · *Astilbe x arendsii* · *Campanula medium* · *Clematis* Cultivar · *Eustoma grandiflorum* · *Limonium tetragonum* · *Matthiola incana* · *Rosa* Cultivar · *Scabiosa atropurpurea* · *Thlaspi arvense*

Glasvase

kompostierbares Deko-Gewebe, doppelseitiges Transparentklebeband (beides OASIS® Floral Products)

Zeit 8 min · **Höhe** 30 cm · **Durchmesser** 15 cm

alle Angaben für das rechte Werkstück

Die Vase ist mit in sich verdrehten Gewebestreifen mittels doppelseitigem Klebeband beklebt worden.

Ammi visnaga · *Astilbe x arendsii* · *Clematis* Cultivar · *Lavandula augustifolia* · *Limonium tetragonum* · *Lysimachia clethroides* · *Olea europaea* · *Scabiosa atropurpurea* · *Syringa vulgaris* · *Thlaspi arvense*

Kerze · Wollschnur (Lehner)

Frischblumensteckschaum-Zylinder mit weißer Kunststoffschale, doppelseitiges Transparentklebeband, Kerzenhalter (alles OASIS® Floral Products)

Zeit 15 min · **Höhe** 43 cm · **Durchmesser** 23 cm

alle Angaben für ein Werkstück

Clematis Cultivar · *Dianthus barbatus* · *Dianthus caryophyllus* · *Eustoma grandiflorum* · *Lavandula angustifolia* · *Limonium tetragonum* · *Olea europaea* · *Ophiopogon japonicus* · *Rosa* Cultivar

Frischblumensteckschaum-Zylinder mit weißer Kunststoffschale, Wickeldraht (beides OASIS® Floral Products)

Zeit 18 min · **Höhe** 17 cm · **Durchmesser** 35cm

1 Zunächst Wickeldraht großzügig von der Rolle abspulen, knäulen und zur Wulst formen. 2 Diese ringartig um die gewässerte Steckschaumschale legen und daran fixieren. 3 Nun Olivenzweige im äußeren Bereich der Schale einstecken und die Zweige in das Wickeldrahtgewirr rundherum einarbeiten. Dann die Blumen in einfügen.

1

2

3

» Zu den Produkten von Smithers-Oasis siehe Seite 66–67.

BLÜTEN-WEISSE Braut-sträuße

Dank der praktischen Brautstraußhalter von Smithers-Oasis sind diese Braut-schmuckteile nicht nur schnell zu machen. Ihr Blumenschmuck lässt sich auch durch ihre teilbaren Griffe perfekt frischhalten bis zu ihrem Einsatz bei der Hochzeit.

Anthurium Cultivar · *Chamelaucium uncinatum* · *Clematis* 'Amazing® Kibo' (Marginpar) · *Cortaderia selloana* · *Eryngium* 'Sirius Questar' · *Eustoma grandiflorum* · *Hypericum* Cultivar · *Lysimachia clethroides* · *Matthiola incana* · *Ozothamnus diosmifolius* · *Rosa* Cultivar

Band

Brautstraußhalter „Lady II", Steckdraht, Heißkleber, Floraltape (alles OASIS® Floral Products)

Zeit 40 min · **Höhe** 38 cm · **Durch-messer** 42 cm

Chamelaucium uncinatum · *Chrysanthemum x grandiflorum* · *Clematis* 'Amazing® Kibo' (Marginpar) · *Cortaderia selloana* · *Delphinium* Cultivar · *Dianthus caryophyllus* · *Lysimachia clethroides* · *Ozothamnus diosmifolius* · *Paphiopedilum* Cultivar · *Rosa* Cultivar · *Stipa tenuissima*

Wollschnur (Lehner) · Deckel von Bandrolle

Brautstraußhalter „Elegant", Zierdraht, Steckdraht, Floraltape, Heißkleber (alles OASIS® Floral Products)

Zeit 40 min · **Höhe** 32 cm · **Durchmesser** 28 cm

1 Zunächst den Deckel einer Bandrolle mit Wollschnur umwickeln, dabei das Schnurende mit Heißkleber gut fixieren. Dann den so umwickelten flachen Ring wie eine Manschette am gewässerten Brautstraußhalter festkleben. 2 Gräser bündeln, diese andrahten, dabei den Steckdraht mit Flower Tape umwickeln. 3 Alle Floralien nun einfügen. Zum Nachwässern den Griff des Brautstraußhalters aufschrauben und in ein passendes Gefäß mit Wasser stellen, so saugt sich der Frischblumensteckschaum nochmals selbstständig voll.

1

2

3

Chamelaucium uncinatum · *Dianthus caryophyllus* · *Hydrangea macrophylla* · *Lysimachia clethroides* · *Ozothamnus diosmifolius* · *Phalaenopsis* Cultivar · *Rosa* Cultivar

Band

Brautstraußhalter „Lady II", Steckdraht, Heißkleber (alles OASIS® Floral Products) · Verdunstungsschutz-Spray (FLORALIFE® Post Harvest Products)

Zeit 40 min · **Höhe** 43 cm · **Durchmesser** 31 cm

Frischblumensteckschaum-Körbchen wässern und die Blüten einstecken. Dann Steckdraht mit Tape versehen, damit das Band andrahten und den Griff vom Brautstraußhalter umwickeln. Das Bandende mit Heißkleber fixieren. Schließlich den Strauß zur besseren Haltbarkeit mit Verdunstungsschutz-Spray besprühen.

TIPP: Vorsichtig lassen sich mit den Fingern die knospigen Blüten der Rose etwas aufdrücken, um ihre Schönheit noch mehr zur Geltung zu bringen.

Rosa Cultivar

Band

Brautstraußhalter „Elegant", Steckdraht (beides OASIS® Floral Products)

Zeit 18 min · **Höhe** 38 cm · **Durchmesser** 30 cm

Anthurium Cultivar · *Callistephus chinensis* · *Chamelaucium uncinatum* · *Clematis* 'Amazing® Kibo' (Marginpar) · *Eryngium* 'Sirius Questar' · *Eustoma grandiflorum* · *Gossypium herbaceum* · *Hydrangea macrophylla* · *Lavandula augustifolia* · *Matthiola incana* · *Ozothamnus diosmifolius* · *Strelitzia reginae*

Band

Brautstraußhalter „Lady Plus", Steckdraht, Floraltape (alles OASIS® Floral Products)

Zeit 35 min · **Höhe** 43 cm · **Durchmesser** 28 cm

Chamelaucium uncinatum · *Clematis* 'Amazing® Kibo' (Marginpar) · *Delphinium* Cultivar · *Dianthus caryophyllus* · *Eustoma grandiflorum* · *Gossypium herbaceum* · *Lavandula angustifolia* · *Limonium sinuatum* · *Ornithogalum saundersiae* · *Ozothamnus diosmifolius* · *Phalaenopsis* Cultivar · *Rosa* Cultivar

Band

Brautstraußhalter „Lady Plus", Trockenblumensteckschaum-Kugel, Steckdraht, Heißkleber, Floralkleber (alles OASIS® Floral Products)

Zeit 30 min · **Höhe** 32 cm · **Durchmesser** 23 cm

1 Zunächst die Trockenblumensteckschaum-Kugel halbieren und aushöhlen. 2 Dann die Schale unterhalb des Steckkörbchen positionieren und den Griff des Brautstraußhalters mit Heißkleber fixieren. Nun die Baumwollfrüchte in die Trockenblumensteckschaum-Halbkugel stecken und ggf. festkleben. Die Blumen in den gewässerten Frischblumensteckschaum einstecken und die Orchideenblüten mit dem Floralkleber im Werkstück einkleben.

TIPP: Der Griff des Brautstraußhalters ist teilbar, damit lässt sich der Frischblumensteckschaum perfekt nachwässern! So bleibt die Blumenpracht bis zu ihrem Einsatz, der Trauung, absolut frisch! Im letzten Moment dann noch den Griff mit Band umwickeln und die Bandenden gut festkleben.

» Zu den Produkten von Smithers-Oasis siehe Seite 66–67.

EIN LETZTER GRUSS

Urnenschmuck mit bedruckten Schleifenbändern

Alchemilla mollis · *Aristea confusa* · *Chasmanthium latifolium* · *Clematis* Cultivar · *Dianthus barbartus* · *Dianthus caryophyllus* · *Rosa* Cultivar

Urne (Dielegno) · Schleife (HRMTEC)

schwarzer, vorne geöffneter Frischblumensteckschaum-Ring mit schwarzem geschlossenen Holzboden (beides OASIS® Floral Products)

Zeit 45 min · **Höhe** 62 cm · **Breite** 45 cm · **Tiefe** 40 cm

Dekorationselemente im Bild: Stuhl (KFF)

Chrysanthemum x grandiflorum · *Clematis* Cultivar · *Germini* Cultivar · *Panicum virgatum* · *Rosa* Cultivar · *Scabiosa atropurpurea* · *Thlapsi arvense*

Urne (Dielegno) · Schleife (HRMTEC) · Trauerflor · Steckdraht (BUCO) · Gasschale, Teller (beides ASA)

OASIS® TerraBrick™ Floral Media (OASIS® Floral Media) · Befestigungsstick mit Klebepad (OASIS® Floral Products)

Zeit 20 min · **Höhe** 76 cm · **Durchmesser** 50 cm

1

2

3

1 Zunächst wird der TerraBrick™ in eine Glasschale gegeben und gewässert. 2 Nun den Befestigungsstick mit integriertem Klebepad auf der Unterseite des Teller befestigen und diesen asymmetrisch als Stellfläche für die Urne in die TerraBrick™-Fläche einstecken. 3 Urne hierauf platzieren, die Blüten anschließend sich gegenseitig leicht überkreuzend halbkreisförmig um die Urne herum einstecken. Anschließend die bedruckte Schleife andrahten und hinzufügen.

Chrysanthemum x grandiflorum 'Santini' · *Clematis* Cultivar · *Dianthus caryophyllus* · *Eucalyptus gunnii* · *Germini* Cultivar · *Olea europaea* · *Ophiopogon japonicus* · *Rosa* Cultivar

Urne (Dielegno) · Schleife (HRMTEC) · Band (Goldina da Vinci artfleur)

OASIS® BIOLIT® NatureSource™ Blumensteckschaum-Ring mit Recyclingkarton-Unterlage (OASIS® Floral Products)

Zeit 30 min · **Höhe** 13 cm · **Durchmesser** 36 cm

1 Für den an der Urne hängenden Blütenring zunächst die Steckunterlage wässern und die Floralien einstecken, dabei längere wie die Zweige im Uhrzeigersinn um den Steckring herumführen. 2 Nun das Band an zwei sich gegenüber liegenden Stellen im Ring befestigt, dabei so viel Band in der Mitte belassen, dass beim Drüberlegen des Ringes über die Urne der Ring an dieser seitlich hängen kann. 3 Nun noch die bedruckte Trauerschleife über der Urne und unter dem Aufhängband durchführen, sodass es nach vorne mit dem bedruckten Teil lang herunterhängen kann, wenn die Urne auf einem Ständer postiert wird.

Astrantia major · *Chrysanthemum x grandiflorum* 'Santini' · *Clematis* Cultivar · *Cymbidium* Cultivar · *Dianthus caryophyllus* · *Hydrangea macrophylla* · *Rosa* Cultivar · *Thlapsi arvense*

Urne (Dielegno) · Schleife (HRMTEC) · Stützdraht (BUCO)

Frischblumensteckschaum-Ring mit Holzunterlage und herausnehmbarer Podestplatte (OASIS® Floral Products)

Zeit 30 min · **Höhe** 14 cm · **Durchmesser** 30 cm

Alchemilla mollis · *Asparagus densiflorus 'Meyeri'* · *Chamelaucium uncinatum* · *Chrysanthemum x grandiflorum* · *Chrysanthemum x grandiflorum 'Santini'* · *Clematis* Cultivar · *Cordyline fruticosa* · *Dianthus barbartus* · *Dianthus caryophyllus* · *Eustoma grandiflorum* · *Hypericum* Cultivar · *Phlebodium aureum*

Urne (Dielegno) · Schleife (HRMTEC) · Metallständer · Steckdraht (BUCO) · Kabelbinder · Holzlatten · Schrauben

Frischblumensteckschaum-Platte mit Holzunterlage (OASIS® Floral Products)

Zeit 60 min · **Höhe** 215 cm · **Breite** 60 cm · **Tiefe** 25 cm

Dekorationselemente im Bild: Stühle (KFF)

Chrysanthemum x grandiflorum · *Cymbidium* Cultivar · *Dianthus caryophyllus* · *Eucalyptus gunnii* · *Eucalyptus polyanthemos* · *Eustoma grandiflorum* · *Germini* Cultivar · Ranken

Urne (Dielegno) · Schleife (HRMTEC) · Gestaltungsring, Steckdraht, Zierdraht (alles BUCO) · Metallständer · Kabelbinder

Frischblumensteckschaum-Ziegel mit Drahtgitter, Hängeschlaufe und Hartschaumunterlage (OASIS® Floral Products) · Verdunstungsschutz-Spray (FLORALIFE® Post Harvest Products)

Zeit 30 min · **Höhe** 200 cm · **Breite** 28 cm · **Tiefe** 20 cm

1

2

3

1 Zunächst die Steckunterlage wässern und diese dann mithilfe von Kabelbindern im Rahmen des Metallständers befestigen.
2 Nun die Blumen einstecken.
3 Zur besseren Haltbarkeit diese mit Finishing Touch einsprühen. Abschließend die Trauerschleife am Ring aus Ranken fixieren.

» Zu den Produkten von Smithers-Oasis siehe Seite 66–67 und zu dem Schleifendrucker von HRMTEC Seite 68–69.

Sträuße mit HEIMISCHEM CHARME

Die Unbeschwertheit der heimischen, ländlichen Natur mit typischen Staudenblühern in sommerlich-kräftigen Farben spiegelt den Style des diesjährigen Trends „Linked to tradition" wider. Ein Bild voller Heiterkeit und Frohsinn!

Alchemilla mollis, Callistephus chinensis, Gypsophila paniculata, Paeonia lactiflora, Rosa Cultivar, *Scabiosa caucasica* (alles Barendsen)

Gefäß (D&M) · Bindebast

Zeit 15 min · **Höhe** 50 cm · **Durchmesser** 50 cm

Dekorationselemente im Bild: Sideboard (Nordal)

Allium aflatunense, Allium schubertii, Antirrhinum majus, Astilbe x arendsii, Callistephus chinensis, Clematis Cultivar, *Rosa* Cultivar, *Sanguisorba officinalis, Scabiosa caucasica, Tilia platyphyllos* (alles Barendsen)

Gefäß (Gina Da by Ceramics Limburg) · Bindebast

Zeit 20 min · **Höhe** 60 cm · **Durchmesser** 60 cm

Dekorationselemente im Bild: Tisch (Nordal) · Geschirr (ASA) · Stuhl (KFF)

Achillea millefolium, Allium schubertii, Astrantia major, Callistephus chinensis, Centaurea cyanus, Freesia Cultivar, *Matricaria chamomilla, Myosotis sylvatica, Rosa* Cultivar (alles Barendsen)

Schale (D&M) · Kordel · Bindebast

Zeit 15 min · **Höhe** 40 cm · **Durchmesser** 39 cm

Dekorationselemente im Bild: Geschirr (ASA) · Stuhl (KFF)

Antirrhinum majus, Astilbe x arendsii, Callistephus chinensis, Clematis Cultivar, *Daucus carota* 'Dara', *Freesia* Cultivar, *Papaver nudicaule* 'Gartenzwerg' (alles Barendsen)

Holzschale (D&M) · Schale (Freese) · Kordel · Bindebast

Zeit 17 min · **Höhe** 55 cm · **Durchmesser** 48 cm

Allium aflatunense, Amaranthus cruentus 'Bronze', *Anthriscus sylvestris, Capsella bursa-pastoris, Hosta* Cultivar, *Hydrangea macrophylla, Lilium sulphureum, Paeonia lactiflora, Sanguisorba officinalis, Scabiosa caucasica* (alles Barendsen)

Gefäß (D&M) · Bindebast

Zeit 15 min · **Höhe** 80 cm · **Durchmesser** 75 cm

Dekorationselemente im Bild: Stuhl (KFF)

Allium aflatunense, Anthriscus sylvestris, Astilbe x arendsii, Astrantia major, Avena fatua, Hydrangea macrophylla, Lilium sulphureum (alles Barendsen) · Gräser

Gefäß (OOhh Lübech Living) · Kordel · Glasvase · Bindebast

Zeit 18 min · **Höhe** 75 cm · **Durchmesser** 40 cm

Dekorationselemente im Bild: Stuhl (KFF)

Achillea millefolium, Alchemilla mollis, Antirrhinum majus, Campanula medium, Ranunculus asiaticus, Rosa Cultivar, *Scabiosa caucasica* (alles Barendsen) · Ranken

Vase (D&M) · Bindebast

Zeit 15 min · **Höhe** 60 cm · **Durchmesser** 50 cm

Dekorationselemente im Bild: Geschirr (ASA) · Sideboard (Nordal)

Acer rubrum, Allium aflatunense, Callistephus chinensis, Campanula medium, Dianthus barbatus, Hosta Cultivar, *Paeonia lactiflora, Rosa* Cultivar (alles Barendsen) · Gräser

Gefäß (D&M) · Bindebast

Zeit 15 min · **Höhe** 70 cm · **Durchmesser** 40 cm

Trendinspiration für DESIGN-FLORISTIK

Jede saisonale VIEW-Ausgabe bietet:

- » **umfangreiche Trendinspirationen:** Ausgabe 1 (Januar) mit den Ganzjahrestrends, Ausgabe 2 (August) mit den Weihnachtstrends
- » dazu **begeisternde Floristikinterpretationen** internationaler Florist*innen
- » **internationale Ausrichtung in drei Sprachen:** deutsch, englisch, italienisch
- » für den ästhetischen Design-Genuss
- » optional dazu die beiden Themenausgaben **WEDDING** und **TRAUER** (nur in deutscher Sprache)

Das VIEW-Magazin im Abo:

- » **in 3 Abo-Formen:**

CLASSIC: 2 x saisonale Ausgaben
MAXI: 2 x saisonale Ausgaben
+ Themenausgabe Ihrer Wahl
TOP: 2 x saisonale Ausgaben
+ Themenausgabe WEDDING
+ Themenausgabe TRAUER

- » **Preisvorteil:** Abo-Preis inklusive Versand
- » **Aboprämie:** ein Gratis-Fachbuchtitel zur Wahl
- » **Mehr Infos unter:**

blooms.de/view

Bestellung: **0800 0 256667** (kostenlos für Anrufer aus Deutschland)
0049 2102 9644-0 (für Anrufer aus dem Ausland)
online: **blooms.de/view** oder per Mail: **info@blooms.de**

BLOOM's MEDIEN | MARKETING | EVENTS

TROPENFEELING auf der Terrasse

Pelargonium crispum, Pelargonium peltatum, Pelargonium zonale (alles PfE)

3 Europaletten · Bretter · Rundholz · Palettenrahmen · 4 Schwerlast-Lenkrollen · Folie · Farbe · Tackernadeln · Schrauben

Pflanzen für Balkon und Terrasse vermitteln ein inspirierenderes Bild, wenn sie draußen vor dem Ladenlokal innerhalb eines passenden thematischen bzw. szenischen Warenaufbaus präsentiert werden. Mit Pelargonien, den scheinbar ur-deutschen Geranien, eine tropische Farbanmutung zu schaffen, reizt noch mehr zum genauen Hinschauen. Im Umfeld dazu die unterschiedlich mit Pelargonien bepflanzten Gefäße positionieren und diese mit Naturfaser-Accessoires versehen. Das bringt zusätzlich zur farblichen Ausrichtung die tropische Anmutung. Und vielleicht wird so mancher Kunde angeregt, diese Farb- und Materialkombination auch in der eigenen Outdoor-Oase umzusetzen!

Der hohe Aufbau eignet sich, um hier mittels Werbemitteln, einer Schiefertafel oder anderer Werbemittel Botschaften anzubringen. Aufgrund der Rollen kann dieser palettenartige Warenaufbau jederzeit leicht verschoben und anders präsentiert werden.

Mit erfrischendem Gelb kombiniert, wirken Geranien gleich ganz anders. [1] Dazu werden für den Präsentationsaufbau die Paletten und Palettenrahmen in der tropischen Sonnengelb-Farbe gestrichen. [2] Nach Trocknung die vier Rollen unter eine Palette schrauben, die anderen beiden Paletten auf diese stapeln, den Rahmen aufsetzen und festschrauben. [3] Nun den Palettenrahmen innen mit der Folie betackern und die Pflanzen einsetzen. Außen die großen Bretter als hohen Rahmen anschrauben, dabei auf der Innenseite das Rundholz einfügen, um hier später Blumenampeln aufzuhängen.

1

2

3

Eichhornia crassipes · *Livistona chinensis* · *Pelargonium crispum*, *Pelargonium zonale* (beides PfE) · Ast

Korb (Gina Da by Ceramics Limburg) · Rattan · Naturbast · Schnur · Steckdraht (BUCO) · Pflanzerde · Drainagematerial

Zeit 20 min · **Höhe** 105 cm · **Durchmesser** 45 cm

1 Für die Dekoration dieser Korbbepflanzung einen Ast anbohren und fünf Steckdrähte radial einstecken. 2 Nun im Wasser eingeweichte Wasserhyazinthenstränge um die Steckdrähte flechten, anschließend den Ast darüber dick mit Naturbast umwickeln und den Ast senkrecht in die Pflanzung stecken. 3 Dann Rattanstränge um den Korb führen, mit Draht fixieren und die Wollquasten, die über die Hand gewickelt, dann verknotet und angebunden werden, anbringen.

Pelargonium crispum, Pelargonuim peltatum, Pelargonium zonale (alles PfE) · *Rhapis excelsa*

Gefäß (D&M) · Korb (Gasper) · Schnur (Vivant) · Wollschnur · Rattan · Metallring · Steckdraht (BUCO) · Pflanzerde · Drainagematerial

Zeit 18 min · **Höhe** 142 cm · **Durchmesser** 58 cm

Dekorationselemente im Bild: Kissen (Hübsch) · Gefäß (Gina Da by Ceramics Limburg)

Für die floristische Dekoration Rattanstränge um das Gefäß führen und mittels Steckdraht an diesem fixieren. Dann die Wollschnüre wie Fransen anknoten.

Borassus flabellifer · *Pelargonium crispum, Pelargonium zonale* (beides PfE)

Schale · Steckdraht (BUCO) · Pflanzerde · Drainagematerial

wasserbasiertes Farbspray (OASIS® Floral Products)

Zeit 10 min · **Höhe** 59 cm · **Durchmesser** 52 cm

Dekorationselemente im Bild: Kissen (Hübsch)

Als Dekoration trockene und mit Farbspray kolorierte Palmblätter mit Steckdraht versehen und ins Werkstück einarbeiten.

Cocos nucifera · *Eichhornia crassipes* · *Pelargonium crispum, Pelargonuim peltatum, Pelargonium zonale* (alles PfE)

Steckdraht, Wickeldraht (beides BUCO) · Pflanzerde

wasserbasiertes Farbspray (OASIS® Floral Products)

Zeit 20 min · **Höhe** 50 cm · **Durchmesser** 120 cm

Dekorationselemente im Bild: Kissen (Hübsch)

1 Für das tropische Accessoire Kokosblätter mit Farbspray kolorieren, mit Steckdraht andrahten und so am Schalenrand befestigen. 2 Dann drei Steckdrähte im unteren Bereich mit Wickeldraht zusammenbinden. 3 Diese im oberen Bereich auseinander spreizen und mit den eingeweichten Strängen der Wasserhyazinthe durchweben. Dieses segelartige Accessoire leicht biegen und ebenfalls in die Pflanzschale einarbeiten.

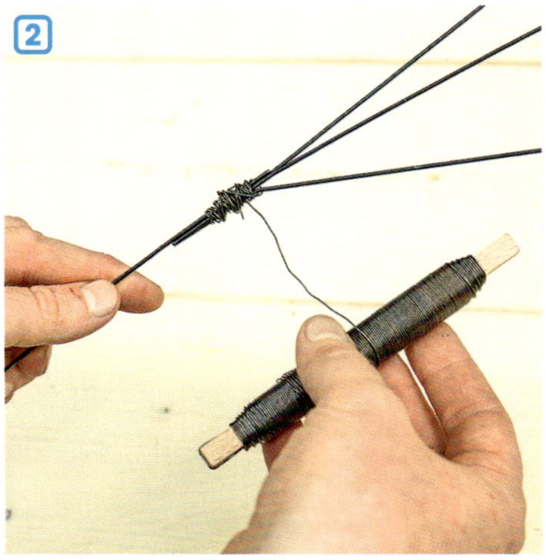

Borassus flabellifer · *Pelargonium grandiflorum*, *Pelargonium zonale* (beides PfE)

Tontopf · Schnur (Vivant) · Pflanzerde

wasserbasiertes Farbspray, Heißkleber (beides OASIS® Floral Products)

Zeit 10 min · **Höhe** 43 cm · **Durchmesser** 26 cm

Maßangaben für ein Werkstück

Dekorationselemente im Bild: Topf mit Muster (D&M)

1 Für das tropische Accessoire Kokosblätter mit Farbspray kolorieren und trocknen lassen. 2 Dann die farbigen Palmblätter punktuell mit Heißkleber am Tontopf fixieren und zusätzlich durch Bandumwicklung an Ort und Stelle positionieren. 3 Schließlich die Pelargonien in den Tontopf einpflanzen.

Zu Schlaufen gelegte Stränge der Wasserhyazinthe, die vorher eingeweicht und somit biegsam gemacht wurden, sind angedrahtet und rundum am Gefäßrand als dekoratives Element eingesteckt. Aus Wollschnur erstellte Quasten an einer Stelle anbinden.

» Zu den Produkten von Pelargonium for Europe siehe Seite 70–71.

GRILL
Gardening
1.

GRILL
Gardening
Ran an
den Grill !

Gardening
2.

GRILL
Gardening
3.

» Zur floristischen Verwendung der Produkte siehe Seite 04–11.

VERKAUFSKONZEPT BEI LANDGARD UND BLOOMWAYS IN KW 21–22

GRILL GARDENING

An den Grillrost, fertig, los!

Die Sonne scheint, die Temperaturen steigen – nix wie ran an den Grill! Ob als Salatbeilage oder Würstchen-Alternative – vegetarisches Grillgut, das im Beet oder Pflanztopf selbst gezogen wurde, darf dabei in dieser Saison auf keinen Fall fehlen. Denn Selbstversorgung liegt ganz klar im Trend! Wie gut, dass das Landgard-Verkaufskonzept „Grill Gardening" eine große Auswahl an Nutzpflanzen im Gepäck hat, die wahre Grillfans schlicht begeistern werden. Passend zum aromatischen Sortiment an Grillkräutern und Gemüsejungpflanzen mit Fruchtansatz bietet die Website **www.grill-gardening.de** außerdem eine große Auswahl sommerlich-frischer Rezeptideen. Perfekt zum Angrillen!

PORTFOLIO PFLANZEN

Erhältlich in Ihrem Landgard-Cash & Carry-Markt oder online unter **mylandgard.de**

- *Olea*
- Naschgemüse
- Grillkräuter
- Gemüsepflanzen
- Salatampel
- *Lavandula*

PORTFOLIO BLUMEN

Erhältlich in Ihrem Bloomways-Markt oder online unter **bloomways.de**

- *Rosa* 'Coral Bubbles'® verzweigt
- *Santini* 'Sun Up'
- *Olea*

PORTFOLIO WERBEMITTEL

1. Figurenaufsteller inkl. Standfuß;
   einseitig; 1 m x 1 m; 10 mm Leichtschaumplatte
2. Stickeretiketten;
   100 Stück; einseitig bedruckt; auf Rolle; Ø 3 cm; 60µ PP Haftfolie
3. Tischschürze;
   1050 x 25 cm; PVC 4/0-farbig; inkl. Klettband und Flauschband

Weitere Materialien zur aufmerksamkeitsstarken Gestaltung Ihrer Verkaufsfläche finden Sie unter **www.landgard-werbemittel.de**: von Plakaten und Bannern über Deckenhänger und Hissflaggen bis hin zu Aufstellern und Tischschürzen.

PORTFOLIO DEKOARTIKEL

Die passenden Dekoartikel finden Sie in Ihrem Deko- & Floristikbedarfs-Markt oder online unter **floristik. mylandgard.de**

SUPER
MOM
... NICHT
NUR AM
MUTTERTAG

1.

... NICHT
NUR AM
MUTTERTAG
SUPER
MOM

... NICHT
NUR AM
MUTTERTAG
SUPER
MOM

2.

SUPER
MOM
... NICHT
NUR AM
MUTTERTAG

3.

» Zur floristischen Verwendung der Produkte siehe Seite 12–19.

VERKAUFSKONZEPT BEI LANDGARD UND BLOOMWAYS IN KW 18–19

SUPER MOM

... nicht nur am Muttertag

Einfach Superheldinnen-verdächtig ist, was Mütter jeden Tag zuhause für uns leisten – und das oft parallel zum Beruf. Wonder Woman, Black Widow, Catwoman und Supergirl können getrost einpacken, wenn es um den Kampf gegen Wäscheberge, den Röntgenblick im Terminwirrwarr oder das Kreieren eines gemütlichen Heims wie von Zauberhand geht. Frech, bunt und alles andere als „Hausmütterchen-haft" feiern wir mit dem Muttertagskonzept „Super Mom" alle Alltagsheldinnen dieser Welt. Inspiriert vom Stil klassischer Superhelden-Comics rücken üppig blühende Topfpflanzen wie Rosen, *Gerbera,* Begonien, *Lantana, Campanula* oder *Dipladenia* zusammen mit POS-Materialien im Pop-Art-Look Mama an ihrem Ehrentag ins Scheinwerferlicht. Schließlich wären wir alle ohne unsere ersten und wichtigsten Heldinnen rettungslos verloren!

PORTFOLIO PFLANZEN

Erhältlich in Ihrem Landgard-Cash & Carry-Markt oder online unter **mylandgard.de**

- Stammrosen
- *Gerbera*
- *Begonia*
- *Lantana*
- *Bougainvillea*
- *Campanula*
- *Mandevilla*
- *Zantedeschia*

PORTFOLIO BLUMEN

Erhältlich in Ihrem Bloomways-Markt oder online unter **bloomways.de**

- *Limonium* 'Mr Silver Pink'
- *Oxypetalum* 'Heavenbor'
- *Germini* 'Neruda'

PORTFOLIO WERBEMITTEL

1. 5er-Set Tischaufsteller;
   dreiseitig; 21 cm hoch; 300 g Papier mit Klebestreifen
2. Figurenaufsteller inkl. Standfuß;
   einseitig; 1 m x 1 m; 10 mm Leichtschaumplatte
3. 2er-Set Deckenhänger;
   zweiseitig bedruckt; Ø 50 cm; Hohlkammerplatte

Weitere Materialien zur aufmerksamkeitsstarken Gestaltung Ihrer Verkaufsfläche finden Sie unter **www.landgard-werbemittel.de**: von Plakaten und Bannern über Deckenhänger und Hissflaggen bis hin zu Aufstellern und Tischschürzen.

PORTFOLIO DEKOARTIKEL

Die passenden Dekoartikel finden Sie in Ihrem Deko- & Floristikbedarfs-Markt oder online unter **floristik. mylandgard.de**

Landgard®

HORTENSIEN

Farben- und Formenvielfalt vereinen unsere Hortensien auf wunderbare Weise. Vor allem die folgenden Sorten sind derzeit verfügbar und für saisonale Floristik zu empfehlen.

Hydrangea macrophylla
'Verena'

VBN Code: 27918, primäre Farbe VBN: hellrosa, frisch

Hydrangea macrophylla
'Magical Linn'

VBN Code: 122312, primäre Farbe VBN: pink-weiß, frisch

Hydrangea macrophylla
'Sweet Verena'

VBN Code: 113539, primäre Farbe VBN: hellrosa, frisch

Hydrangea macrophylla
'Verena ½ Classic'

VBN Code: 24490, primäre Farbe VBN: rosa-grün, durchgefärbt

Hydrangea macrophylla
'Magical Revolution' (pink)

VBN Code: 110054, Farbe VBN: rosa-grün, frisch

Hydrangea macrophylla
'Magical Amethyst'

VBN Code: 100721, primäre Farbe VBN: pink-grün, frisch

Hydrangea macrophylla
'Magical Pink Ruby'

VBN Code: 117272, primäre Farbe VBN: pink, frisch

Hydrangea macrophylla
'Glowing Alps'

VBN Code: 22153, primäre Farbe VBN: dunkelpink, frisch

Hydrangea macrophylla
'Royal Anastasia' (pink)

VBN Code: 122483, primäre Farbe VBN: pink, frisch

» Zur floristischen Verwendung der Produkte siehe Seite 20–25.

***Hydrangea macrophylla* 'Rodeo' (purple)**
VBN Code: 103206, primäre Farbe VBN: lila, frisch

***Hydrangea macrophylla* 'Royal Benefit'**
VBN Code: 128672, primäre Farbe VBN: lila, frisch

***Hydrangea macrophylla* 'Beautensia Luxor' (blue)**
VBN Code: 115558, primäre Farbe VBN: blau, frisch

***Hydrangea macrophylla* 'Beautensia Dali'**
VBN Code: 115460, primäre Farbe VBN: blau-weiß, frisch

***Hydrangea macrophylla* 'Pimpernel'**
VBN Code: 28118, Primäre Farbe VBN: dunkelblau, frisch

***Hydrangea macrophylla* 'Royal Parade'**
VBN Code: 122660, primäre Farbe VBN: blau, frisch

***Hydrangea macrophylla* 'Magical Revolution' (blue)**
VBN Code: 105571, primäre Farbe VBN: blau, frisch

***Hydrangea macrophylla* 'Verena Blue ½ Classic'**
VBN Code: 108496, primäre Farbe VBN: blau-grün, durchgefärbt

***Hydrangea macrophylla* 'Schneeball'**
VBN Code: 19880, primäre Farbe VBN: weiß, frisch

Besucht uns auf Instagram und Facebook:
@hydrangeaworldflowercreations

HYDRANGEA
WORLD.COM

Floristikbedarf von Smithers-Oasis

OASIS® ECObase® Lady Round

mit Hartschaumunterlage und Kunststoffgriff, Schaum: 4,5 x Ø 15,5 cm, Griff: 12 cm, Art.-Nr. 11-00203

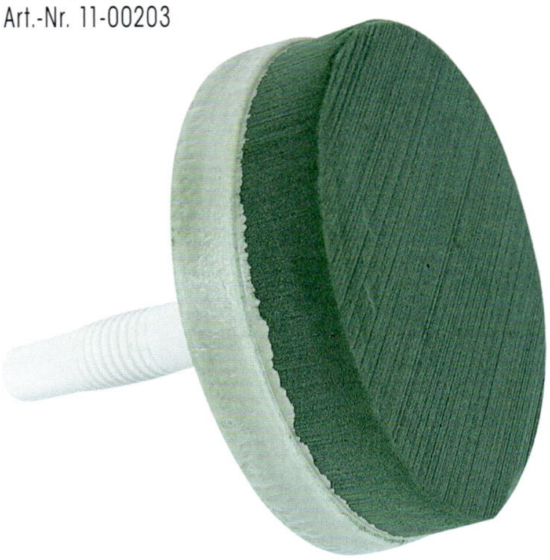

OASIS® ELEGANT® Brautstraußhalter

Kunststoffgriff in Metalloptik, abschraubbare Kugel am Griffende zum Nachwässern, L 22 cm, Ø 7,6 cm
Metallic Leaf Silver, Art.-Nr. 11-00093
Metallic Leaf Gold, Art.-Nr. 11-00094

OASIS® Little Lady

Schaumkörperboden geschlossen, Ø 5 cm, Art.-Nr. 11-03007

OASIS® Lady I

Schaumkörperboden offen, Ø 8 cm, Art.-Nr. 11-03018

OASIS® Princess I

Schaumkörperboden geschlossen, Ø 7 cm, Art.-Nr. 11-03001

OASIS® Ladynette

Schaumkörperboden offen, abgewinkelter Griff, Ø 7 cm, Art.-Nr. 11-03020

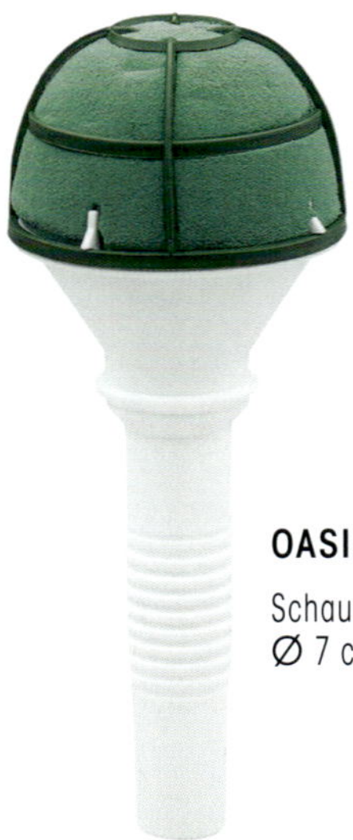

OASIS® Lady II

Schaumkörperboden geschlossen, Ø 7 cm, Art.-Nr. 11-03019

» Zur floristischen Verwendung der Produkte siehe Seite 26–43.

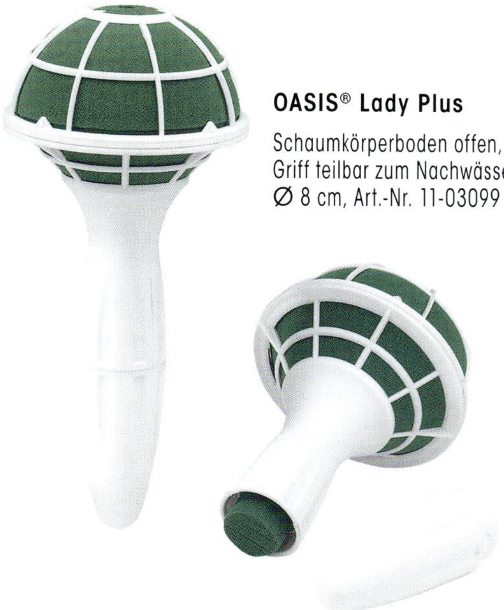

OASIS® Lady Plus

Schaumkörperboden offen,
Griff teilbar zum Nachwässern,
∅ 8 cm, Art.-Nr. 11-03099

OASIS® BIOLIT® NatureSource™ Ring/Kranz

braun, aus 20 % biobasierten Rohstoffen* hergestellt (* DIN EN ISO 14021 weist 20 % biobasierte Inhaltsstoffe nach, davon sind 13 % nachgewiesener biobasierter Kohlenstoff nach DIN EN 16785-1, Prüfstelle TÜV Rheinland), mit Unterlage aus 100 % recyceltem Altpapier, kompostierbar und biologisch abbaubar
H 5,5 cm, ∅ 32 cm, Art.-Nr. 11-07008 (Ring)
H 5,5 cm, ∅ 39 cm, Art.-Nr. 11-07009 (Ring)
H 6 cm, ∅ 44,5 cm, Art.-Nr. 11-07010 (Kranz)

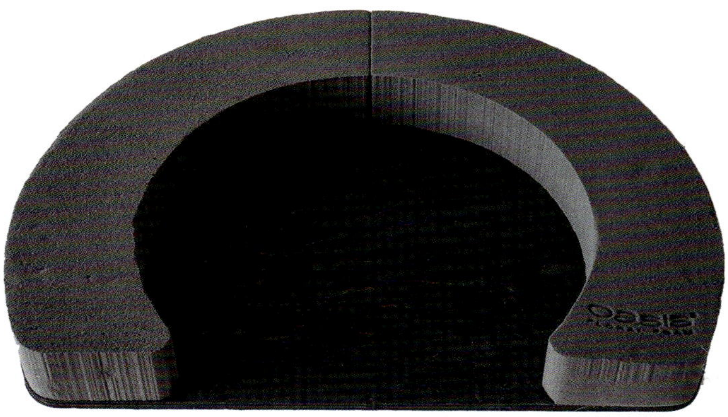

OASIS® BLACK BIOLINE® Offener Ring

schwarz, mit geschlossenem, schwarzem Holzboden
H 5 cm, Außen-∅ 40 cm, Innen-∅ 26 cm, Art.-Nr. 11-00490

OASIS® BLACK BIOLINE® Quadro Unterlage

schwarz, mit geschlossenem,
schwarzem Holzboden
H 5 cm, Außen: 35 x 35 cm,
Innen: 25 x 25 cm, 11-00491

www.oasisfloral.de
online.oasisfloral.de
OASISFloralProductsGermany
oasisfloralproductsgermany
https://pin.it/1gWdMk9

SMITHERS-OASIS

Do Good. Every Day.

Smithers-Oasis Germany GmbH
Heinrich-Büssing-Straße 5
67269 Grünstadt

Kostenfreie Hotline: 0800 8890988
(für Anrufe innerhalb Deutschlands)
Germanyinfo@smithersoasis.com

Schleifenbeschriftung von HRMTEC

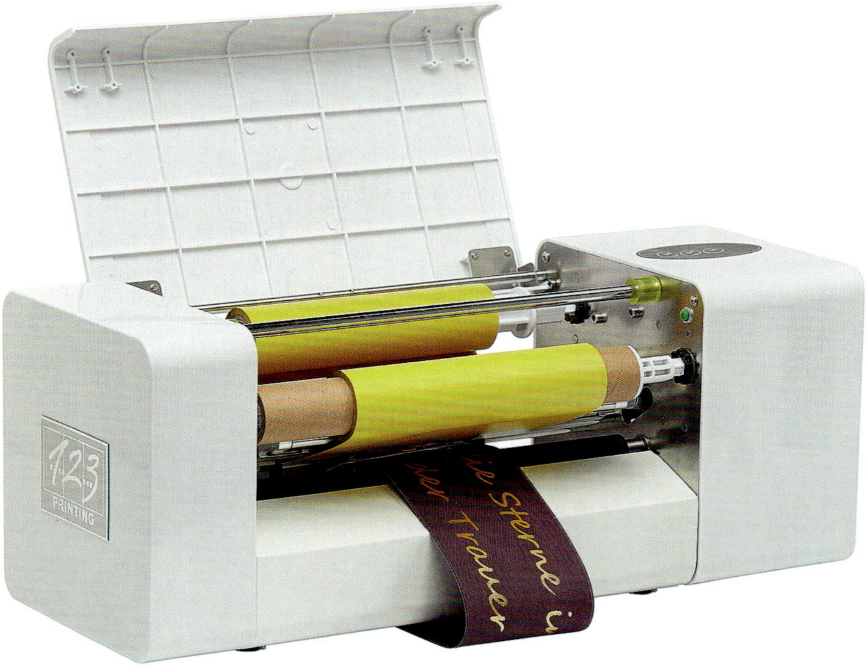

Die neue Dimension der Schleifenbeschriftung

Der **1 2 3 Schleifenprofi VX Prägeautomat** bedruckt alle gängigen Schleifenbänder in unbeschränkter Länge mit Metallic-Schrift in Gold und Silber sowie in Schwarz und Weiß (Sonderfarben auf Anfrage). Dabei ist er kostensparend, flexibel, einfach zu bedienen und zukunftsorientiert. Er wird komplett mit Software und Hightech-Premium-Druckfolie geliefert.

1 2 3 PRINTING

HRMTEC ist spezialisiert auf den prägerealistischen, digitalen Schleifendruck und bietet unter der **Marke 1 2 3 Printing** eine breite Palette entsprechender Produkte (Schleifendrucksystem mit Software, Druckfolien, Schleifenbänder in Moiré, Supersatin und Satin, Zubehör) sowie Dienstleistungen (HRMTEC Care Pakete, Support, Installation, Training) an. HRMTEC baut dabei auf die Erfahrungen im computergestützten Schleifendruck seit 1997.

Der neue **1 2 3 Schleifenprofi VX Prägeautomat** von HRMTEC ist der einzige computergestützte Prägeautomat, der Schleifenbänder mit Heißprägung bedruckt. Das System wurde ausschließlich für den Schleifendruck entwickelt und ist voll industrietauglich. Die Produktion des **1 2 3 Schleifenprofi VX Prägeautomaten** ist ISO 9001:2000 zertifiziert und das Gerät ist CE zertifiziert.

Das Gerät mit den Maßen 575 x 320 x 235 mm (L x B x H) zeichnet sich durch besonders einfache Bedienung aus. In Prägebreiten von 20 bis 252 mm ist eine Vielzahl von Materialien bedruckbar, von den gängigen Band- bzw. Schmuckbandarten (Satin, Super Satin, Moiré) über Papierarten (Papierschleifen, Papierkranzschleifen, Pergamentpapier) bis zu Kunststoffmaterialien (Polybänder, Folienbänder). Die Druckfolie wird jeweils nur im Druckbereich verwendet und im nicht zu prägenden Bereich nicht mitgeführt. Dadurch ergibt sich im Vergleich zu anderen Systemen eine enorme Kosteneinsparung. Der Prägeautomat läuft mit der Schleifenprofi-Software. Die Systemschnittstelle ist nicht-proprietär und erlaubt den Software-Einsatz anderer Hersteller (Schleifendrucksoftware: GreenRibbon, p&w, Terradata etc. oder Standardsoftware: CorelDraw, BarTender, Powerpoint etc.).

» Zur floristischen Verwendung der Produkte siehe Seite 38–43.

**Alle Vorteile des
1 2 3 Schleifenprofi VX Prägeautomat
auf einen Blick:**

- **Druckqualität:** Höchste Präzision bei Metallic- (Gold, Silber) und Farbprägung (Schwarz, Weiß) auf allen Schleifenbandmaterialien (Satin, Moiré, Supersatin, Supersatin Premium, Polyband etc.).
- **Kostenersparnis:** Verwendung der Druckfolie nur im druckbaren Bereich, die Folie wird im nicht zu prägenden Bereich nicht mitgeführt.
- **Flexibilität:** stufenlose Prägebreiten von 20 bis 256 mm
- **Platzersparnis:** kompakte, in jede Umgebung passende Größe (L x B x H = 575 x 320 x 235 mm)
- **Unabhängigkeit:** Mit der Druckertreiber-Software kann das Gerät mit jeder beliebigen Software sowie den meisten auf dem Markt erhältlichen Schleifendruck-Programmen angesteuert werden, was den Einsatz individuell bevorzugter Software gewährleistet.
- **Bedienfreundlichkeit:** Prägen von verschiedenen Schleifenbändern mit verschiedenen Druckfolien ohne lästige Einstellung von Druckparametern. Einfach Schleife einlegen, drucken, fertig.
- **Zukunftsorientiertheit:** Der Druckertreiber des 1 2 3 Schleifenprofi VX Prägeautomaten läuft unter Windows 64-Bit Betriebssystemen (Windows 10, etc.). Der Rechner, welcher den Prägeautomaten ansteuert, kann an internen oder externen Netzwerken angeschlossen werden, mit Integration in Ihre betriebseigene Software Umgebung.

Geranien-Arten im Überblick

Die große Auswahl an Geranienarten und Sorten kann auf den ersten Blick verwirren. Doch es gibt keinen Grund, sich vom Fachjargon einschüchtern zu lassen. Wozu gibt es die Experten von Pelargonium for Europe? Mit der Hilfe ihres Ratgebers findet sich garantiert genau die richtige Geranien-Art.

Stehende Geranien

Stehende Geranien sind ideal fürs Sommerbeet und in Kübeln. Sie sind robust, zuverlässig, trockenheitsresistent und in ihrer sommerlichen Blütenpracht konkurrenzlos schön. Sie bilden aufrechte, buschige Pflanzen. Schnecken können ihnen nichts anhaben und sie blühen in vielen Rottönen, in leuchtendem Weiß, in zarten Rosa- und Lachstönen sowie in vielen weiteren Farben. Es gibt sowohl einfach blühende als auch halbgefüllte und gefüllte Sorten.

Hängegeranien

Manchmal werden sie auch efeublättrige Geranien genannt, weil ihr Laub den Blättern dieser Kletterpflanze sehr ähnlich sieht. Hängegeranien bringen nicht nur wunderschönes Laub mit, sondern auch eine reiche Blütenpracht. Hängegeranien gelten wie alle Geranienarten als besonders langlebig, weil sie selbst dann noch blühen, wenn andere Beet- und Balkonpflanzen schon aufgegeben haben.

Edelgeranien

Als Zimmerpflanzen zeigen Edelgeranien schon vor Beginn der Beet- und Balkonpflanzensaison ihre ganze Pracht. Sie blühen früher als die übrigen Arten und ununterbrochen vom Frühjahr bis in den Herbst. Ihre prachtvollen, intensiv gefärbten Blüten sind geschätzt. Es gibt sie in vielen Farbschattierungen von Weiß und Rosa über Rot, Pink und Violett bis hin zu dunklen Mauvetönen, ebenso als einfarbige Sorten als auch mit auffälligen zweifarbigen Schattierungen. Viele Edelgeranien gedeihen im Sommer auch draußen an einem geschützten Platz.

» Zur floristischen Verwendung der Produkte siehe Seite 52–59.

Duftgeranien

Duftgeranien verströmen durch ihr aromatisches Laub Duftnuancen von Rose bis Zitrus. Die Pflanzen duften besonders intensiv, wenn sie sich im prallen Licht sonnen dürfen. Obwohl Duftgeranien in der Regel kleinere Blüten als andere Arten hervorbringen, überzeugen sie mit ihren speziellen Talenten und attraktiven Laubformen, die jedem Geschmack gerecht werden. Biologisch angebaute Duftgeranien lassen sich sogar kulinarisch verarbeiten.

Schmetterlingsgeranien

Schmetterlingsgeranien sind kompakt, buschig, versprühen Fröhlichkeit und passen perfekt überall dahin, wo wenig Platz ist. Zum Beispiel als Tischschmuck in kleineren Gefäßen. Das dunkle Auge auf den Blüten der Schmetterlingsgeranien erinnert an die charakteristischen Blüten von Stiefmütterchen und Hornveilchen. Sie blühen überreich, wenn man sie regelmäßig ausputzt.

Blattschmuckgeranien

Zugegeben, in Sachen Blütenreichtum halten Blattschmuck-Geranien mit den Geranien nicht mit. Dafür besitzen sie besonders schön gefärbtes Laub. Manchmal sogar bunt gemustertes – zum Beispiel gelb, dunkelrot und grün gestreiftes. Es gibt stehende und hängende Sorten. Sie mögen wie alle Geranien einen warmen, sonnigen Standort und regelmäßiges Gießen. Mit genug Dünger wachsen sie besser als ohne.

pelargonium for europe

Pelargonium for Europe ist die Marketinginitiative der europäischen Geranienzüchter Dümmen Orange, Elsner PAC, Florensis / P. van der Haak Handelskwekerij, Selecta One und Syngenta Flowers. Die Initiative wurde im Jahr 2016 mit dem Ziel gegründet, den Geranien-Absatz in Europa zu fördern und langfristig zu sichern. Mittlerweile läuft die Kampagne in 22 Ländern.

Ausgabe 111 · Mai | Juni 2023

praxis»

Profitable Floristikideen für das Tagesgeschäft

Mehr als 55 Ideen für Floristen!

Tischschmuck im neuen Violett-Trend

Muttertagsideen für die Super Mom

Outdoor-Pflanzungen mit Tropenfeeling

€ (D) 17,50
ISBN 978-3-96563-099-4

BLOOM's PROFESSIONAL

Verkaufsstarke Ideen für den Frühsommer

Hersteller

ASA
asa-selection.com

BUCO
buco-wire.com

D&M
dmdepot.be

Dielegno
dielegno.de

DutZ Collection
dutz-collection.de

Freese
heinr-freese.de

Gasper
gasper.de

Gina Da by Ceramics Limburg
ceramicslimburg.com/de/

Goldina da vinci artfleur
goldina.de

HRMTEC
schleifenwerk.com/de/

Hübsch
hubsch-interior.com

Hydrangeaworld
hydrangeaworld.com/de/

KFF
kff.de

Landgard
landgard.de

Lehner
lehnerfloral.at

Nordal
nordal.dk

OASIS® Floral Products
oasisfloral.de

OOhh Lübech Living
lubechliving.dk

PfE
pelargoniumforeurope.com/en/

Vivant
vivantdecorations.com

Wenzel
wenzel-kerzen.de

Wir danken der Firma Barendsen für das Zurverfügungstellen vielfältiger floraler Frischwerkstoffe.

BARENDSEN
FLOWERS·AALSMEER

barendsen.nl

Impressum

Herausgeber
BLOOM's GmbH
Halskestraße 46
D-40880 Ratingen

Tel.: 02102 9644-0
Fax: 02102 896073

Kostenfreie Hotline:
0800 0 256667
(innerhalb Deutschlands)

E-Mail: info@blooms.de
Website: blooms.de

Redaktion
Hella Henckel, Ester Hädicke, Anja Hellner (botanische Listungen)

Floristik-Konzeption
Michael Sutmöller

Floristische Umsetzung
Tabea Janssen, Dorothea Hamm, Doreen Neumann, Michael Sutmöller

Grafik | DTP
Britta Baschen

Fotos
Alexander Heide, BLOOM's GmbH: Stephan Pietzka, Patrick Pantze Images GmbH: Leonie Stuckmann

ISBN 978-3-96563-099-4

Bezugspreise Jahresabo
6 Ausgaben
Deutschland: 99,50 €
inkl. Versand inkl. MwSt.
Österreich: 114,50 €
inkl. Versand exkl. MwSt.
Schweiz: 135,00 SFR
inkl. Versand inkl. MwSt.

Einzelausgabe
Deutschland: 17,50 €
zzgl. Versand inkl. MwSt.
Österreich: 17,20 €
zzgl. Versand exkl. MwSt.
Schweiz: 22,90 SFR
zzgl. Versand inkl. MwSt.

PRAXIS erscheint 6 x im Jahr.

Ausgabe Nr. 111
Mai | Juni 2023
19. Jahrgang

Zeitungskennzeichen
66927

BLOOM's
MEDIEN | MARKETING | EVENTS